Lb 28/10

ENTRÉE ET SÉJOUR

DE

CHARLES VIII

A VIENNE

En 1490

AVEC LES

HISTOIRES

JOUÉES EN CETTE VILLE A L'OCCASION DE L'ARRIVÉE DE CE PRINCE ;

PAR

M. J.-J.-A. PILOT.

Extrait du BULLETIN DE LA SOCIÉTÉ DE STATISTIQUE.

GRENOBLE.

N. MAISONVILLE, IMPRIMEUR DE LA SOCIÉTÉ, RUE DU PALAIS, 4.

Avril 1851.

Charles VIII, fils de Louis XI, vint plusieurs fois en Dauphiné, où l'appelèrent les affaires du pays et surtout les mesures qui y furent prises pour l'expédition d'Italie, en 1494. Cette année, le roi séjourna à Vienne depuis le 29 juillet jusqu'au 22 du mois suivant, ainsi qu'il est constaté par une note extraite des archives de cette ville et que M. Mermet a reproduite dans son ouvrage : *Ancienne chronique de Vienne,* où il relate le passage de plusieurs rois et grands personnages dans cette cité.

M. Mermet ne mentionne, pour Charles VIII, que son passage à Vienne en 1494 ; cependant, il est certain que ce prince y avait déjà séjourné quatre ans auparavant, en 1490, ce qu'atteste suffisamment un manuscrit de cette époque, déposé aux archives de l'ancienne chambre des comptes du Dauphiné. Ce manuscrit, qui a pour titre : *Introhitus factus in civitate Vienne per incolas et habitantes ejusdem civitatis in jocundo adventu domini nostri regis dalphini Karoli VIII*[vi]*, M CCCC nonagesimo, die prima decembris* (1), renferme sur cette arrivée du roi à Vienne et sur la réception qui lui fut faite de curieux détails, qui font connaître le cérémonial avec lequel s'opéraient autrefois ces réceptions officielles. C'est une relation de l'arrivée du roi, rédigée en forme de lettre et d'autant plus précieuse, qu'elle apprend en même temps que le roi, dès le lende-

---

(1) *Tertius liber copiarum Viennesii et terre Turris*, fol. IIII[c] XLIIII.

main de son arrivée, convoqua les Etats qu'il voulut présider. Ces deux faits, c'est-à-dire la venue de Charles VIII à Vienne en 1490 et la tenue des Etats dans cette ville, ont également été inconnus à Chorier, qui s'exprime ainsi dans son Histoire du Dauphiné abrégée : « Le roi ayant été
« attaqué d'une dangereuse maladie, se voua à Notre-Dame
« d'Ambrun, et le mois de novembre de l'an 1488, il vint
« lui-même y rendre son vœu; ce fut son premier voyage
« en ce pays. Le second fut d'un conquérant, car la con-
« quête du royaume de Naples en fut l'occasion. Il arriva
« à Grenoble le 22 du mois d'août de l'an 1494 (1). » On voit par là que Chorier a complétement ignoré l'arrivée du roi Charles VIII à Vienne en 1490.

Le manuscrit de la chambre des comptes qui nous a conservé le souvenir de cette venue du prince renferme aussi une description des personnages qui figurèrent sur les théâtres dressés dans les rues de la ville, ainsi que les pièces de vers qui furent prononcées à cette occasion; car on sait que dans les réjouissances publiques, il était assez d'usage de jouer en plein air, sur une place ou dans les rues, des pièces de théâtre alors appelées communément *mystères* ou *histoires*. Cette description est en français; elle est intitulée : *S'ensuyt le devys des ystoires faictes en la cité de Vienne, le premier jour de décembre l'an mil* CCCC IIII^{xx} *et dix, pour l'entrée et bien venue du Roy daulphin, Charles VIIIme, nostre seigneur.*

Les personnages mis en scène dans ces histoires sont au nombre de vingt-cinq, savoir :

Vienne,
L'Humilité,
La Loyauté.

---

(1) Histoire du Dauphiné abrégée pour monseigneur le dauphin, seconde partie. Grenoble, 1674, p. 75.

La Volupté,
La Vertu,
Hercule,
L'Entendement,
Saint Louis,
Les douze pairs de France,
Atlas,
La Prudence,
Les trois Hespérides.

En marge du manuscrit et en regard de l'indication des rôles à jouer, sont les noms de quelques personnes qui remplirent ces rôles.

Chaque histoire forme une scène jouée sur un théâtre différent; il y a cinq histoires, comprenant en tout cent quinze vers, fruit de la verve de quelque bel-esprit de Vienne, et qu'on peut apprécier comme un échantillon du goût littéraire de l'époque. Ces vers sont des sentences morales adroitement déroulées sous les yeux du roi, des vœux pour qu'il acquière la science et la puissance de Salomon, de sages conseils de marcher sur les traces de Charlemagne, de Roland et du brave Dunois, dont le nom était devenu populaire, de suivre l'exemple de saint Louis, d'imiter Hercule qui sut s'arracher des bras de la Volupté, de choisir de bons et utiles ministres pour l'aider à supporter le fardeau de l'Etat, figuré par le monde que porte Atlas, qui, pressé sous le poids de sa charge, s'adresse à Hercule pour en obtenir du secours. Cette pièce respire, au surplus, l'amour national. La haine invétérée contre une puissance rivale, la jalouse Angleterre, y est manifestée : on demande que le Léopard ravissant soit dompté, que les Flamands et les Bretons, désignés sous les noms symboliques de Lion et d'Hermine, soient soumis. On fait parler le roi lui-même, en la personne d'Hercule, qui terrasse le terrible gardien du jardin des Hespérides, délivre les trois sœurs qui y étaient détenues captives et fait la conquête des pommes d'or. L'adroit et malicieux poète, après avoir rappelé ce triomphe d'Hercule, annonce la même victoire pour le jeune roi qui, lui aussi, abattra le dragon d'envie qui a mis le trouble dans la Bretagne, délivrera une jeune princesse (1) et cueillera ensuite des pommes d'or pour prix de ses armes victorieuses.

La notice qui suit est un résumé de la description manuscrite.

Charles VIII fit son entrée à Vienne par la porte *Mau-Conseil* (2), le mercredi soir, 1er décembre 1490, suivi de tous les habitants qui étaient allés à sa rencontre pour lui offrir, avec les clefs de la ville, l'hommage de leur respect et de leur dévouement, et qui, rentrés avec lui au déclin du jour, l'accompagnèrent à la lueur des flambeaux. De riches tapisseries, des guirlandes et autres ornements décoraient les rues et les carrefours de la ville.

Au-dessus de la porte était un écu aux armes de France et du Dauphiné, peint d'or et d'azur, d'une grande dimension et surmonté d'une couronne enrichie d'or et de pierreries. Sous l'écu flottait un écriteau sur lequel on lisait en gros caractères l'ancienne devise : *Vienna civitas sancta* (3).

---

(1) Anne de Bretagne, héritière de ce duché, qu'elle apporta à Charles VIII en l'épousant, en 1491.

(2) *Ipsam intravit civitatem, et in porta Mali-Consilii armis dalphinalibus in latitudine et altitudine porte deauratis et resplendoribus affixis ibidemque, etc., etc.* Cette porte était celle du côté de Lyon; son nom s'est conservé dans celui de Mauconseil, donné à la place où était située la porte, près de l'ancienne église Saint-Antoine.

(3) Cette devise, inscrite sur les anciennes monnaies des archevêques de Vienne et qui, aujourd'hui, orne encore les armes de cette ville, rappelle à la fois l'antiquité du siége archiépiscopal d'une cité qui a été la métropole des Gaules, et les nombreux martyrs que cette

Au bas de l'écu, à droite, était dressé un échafaud ou théâtre, où se tenaient debout trois jeunes et belles filles, représentant Vienne, l'Humilité et la Loyauté, toutes les trois richement vêtues, la tête ornée de guirlandes et de chaînes d'or entrelacées, et qui, l'une après l'autre, adressèrent un compliment au roi. Vienne avait une robe de drap d'or, et par-dessus un manteau de damas bleu, semé de fleurons d'or; les deux autres jeunes filles, savoir : l'Humilité et la Loyauté, placées l'une à droite et l'autre à gauche de Vienne, avaient, la première, une robe de taffetas jaune, et la seconde une robe de taffetas rouge. La Loyauté tenait dans ses mains les clefs de la ville qu'elle présenta au roi.

A la porte de la ville, le roi fut reçu sous le poêle et conduit jusqu'au-devant de l'église des Frères prêcheurs ou Dominicains, sur la façade de laquelle on avait peint la reine Blanche, mère de saint Louis, présentant son fils à saint Dominique pour le faire instruire. Au même endroit, il trouva le clergé qui venait en chape au-devant de lui, pendant qu'une foule de jeunes gens réunis sur le pont de la Gère criaient : *Vive le roi dauphin* (1) !

A la descente du pont était un second théâtre, où fluait une fontaine élevée de plus de quatre mètres et ayant deux jets, l'un de vin blanc et l'autre de vin clairet. Au pied de cette fontaine, dite du Bien et du Mal, étaient deux autres jets; de l'un d'eux coulait un breuvage doux, et de l'autre un breuvage amer, et à côté de ces deux derniers jets étaient deux jeunes filles, l'une appelée Volupté et l'autre Vertu, toutes deux richement habillées; elles avaient au

---

métropole a fournis à l'Eglise. Les armes de Vienne, qui ont pour supports deux aigles, représentent un calice dont la base est une racine et qui est surmonté d'une hostie, le tout environné d'un nuage.

(1) *Vivat rex dalphinus!*

milieu d'elles Hercule, que chacune cherchait à attirer pour lui présenter son breuvage.

Plus loin, un troisième théâtre représentait un arbre haut de douze mètres, orné de fleurs de lis d'or, et ayant dix branches. A l'extrémité de chaque branche était aussi une large fleur de lis au milieu de laquelle on voyait peint un jeune enfant en manteau royal, avec un écriteau indiquant le nom de l'un des dix rois qui se sont succédé depuis saint Louis jusqu'à Charles VIII, placés l'un à la première et l'autre à la dernière branche. Saint Louis, vêtu de drap d'or, était au pied de l'arbre, qu'il tenait d'une main; de l'autre, il avait le sceptre, et autour de lui étaient rangés les douze pairs de France, armés, avec leurs écus aux couleurs de leurs armes : chaque pair portait dans sa main le signe distinctif de sa charge, comme s'il eût assisté au sacre du roi (1).

Le quatrième et le cinquième théâtre venant ensuite retraçaient, l'un Atlas qui soutient le monde et qui demande du secours à Hercule, avec Othra, déesse de la prudence; l'autre le jardin des Hespérides.

Arrivé au palais qui lui était préparé, le prince, après les cérémonies d'usage et après le souper, fit venir les

---

(1) Il y avait six pairs ecclésiastiques et six pairs laïques, savoir : pairs ecclésiastiques, l'archevêque duc de Reims, sacrant, oignant et couronnant le roi; l'évêque duc de Laon, portant la sainte Ampoule; l'évêque duc de Langres, portant le sceptre (il suppléait l'archevêque de Reims absent); l'évêque comte de Beauvais, portant le manteau royal; l'évêque comte de Châlons, portant l'anneau royal; l'évêque comte de Noyon, portant le baudrier royal. Les six pairs laïques étaient : le duc de Bourgogne, doyen des pairs laïques, portant la couronne royale, ceignant le roi et le créant chevalier; le duc d'Aquitaine ou de Guienne, portant la première bannière carrée; le duc de Normandie, portant la seconde bannière; le comte de Champagne, portant l'étendard de guerre; le comte de Toulouse, portant les éperons, et le comte de Flandres, portant l'épée du roi.

jeunes filles qu'il avait vues *jouer les histoires*, et qui aussitôt s'étant rendues auprès du roi, sur son invitation, vêtues telles qu'elles étaient et avec leurs ornements, dansèrent jusqu'à minuit.

Le lendemain jeudi, le roi réunit dans la salle de l'archevêché les états du pays qu'il présida, vêtu d'un manteau d'or, assis sur un trône et tenant à la main l'épée au lieu de sceptre (1). Il reçut les trois ordres avec bienveillance, et avec plus de joie encore le don qu'ils lui offrirent. Le jour suivant, ayant appris que quelques malintentionnés des états avaient résolu de lui porter de graves plaintes contre tout le parlement, il fit appeler, après le diner, en présence de la noblesse du Dauphiné et de celle des états, le président de cette cour (2), qu'il décora publiquement de l'ordre de chevalerie, en présence également du gouverneur, voulant ainsi faire voir, *à la barbe même des Pisans* (3), dit le naïf narrateur, de quelle manière il entendait que fût honoré le parlement. Le narrateur finit ici son récit, qu'il termine par ces réflexions qui laissent entrevoir que, lorsqu'il écrivait, le roi n'avait point encore quitté Vienne : *Ce peu de choses suffit ; le roi, dans sa bonté, a été épris d'un si grand amour pour notre ville, qu'il a dit qu'il veut y rester huit jours.*

Nous joignons à cette courte notice la description

---

(1) *Die vero jovis sequente, tribus patrie statibus congregatis in aula archiepiscopali, Rege in solio sedenti cum vestibus auroscultis et ense loco septri, facta fuit propositio et incontinenti responsio, adeo quod rex ipse jocundo munere letior omnibus curialibus refferentibus fuit quam unquam visus et patriam benigne suscepit.*

(2) Jean Palmier, président unique du parlement.

(3) *Ad barbam Pisanorum,* c'est-à-dire à la barbe des mécontents, ou, en d'autres termes, en leur présence ; expression proverbiale employée à cette époque. On dit communément, dans le même sens : *A la barbe des Athéniens.*

textuelle des histoires dont il est question, extraite du manuscrit précité.

« *S'ensuit le devys des ystoires* (1) *faictes en la cité de Vienne le premier jour de décembre l'an mil* CCCC IIII^{xx} *et dix, pour l'entrée et bien venue du Roy daulphin Charles* VIIIme, *nostre seigneur*. Et premièrement

« A l'entrée de ladicte cité avoit ung escu (2) escartelé des armes de France et delphinalles, si grant, que la largeur dudict escu comprenoit la largeur de la porte de ladicte cité et avoit la longueur à l'equippollent (3), et estoit (4) ledict escu fait et paint (5) à or fin et azure et par dessus couronne, tellement comme il appartenoit audict escu, faicte d'or et de pierreries, et au dessoubz (6) de l'escu ung escripteau (7), où il y avoit escript (8) en grosse lettre : *Vienna civitas sancta*, et soubz (9) ledict escu, à dextre (10), ung eschaulfault (11) où il y avoit trois filles, dont l'une estoit appelée Vienne, laquelle estoit habillée d'une robe de drap d'or fort belle, et sus ladite robe ung manteau de damas blanc semé de fleurons d'or, et estoit, tant parmy le corps que ailleurs, envyronnée de chaynes d'or grosses et de grande valeur, et la teste abillée d'un couvrechief (12) de plaisance (13) en tresgente façon (14) ; laquelle dist au Roy les ditz ensuivans :

---

(1) Histoires.
(2) Un écu.
(3) A l'équivalent, c'est-à-dire dans la même proportion.
(4) Etait.
(5) Peint.
(6) Dessous.
(7) Un écriteau.
(8) Ecrit.
(9) Sous.
(10) A droite.
(11) Echafaud, tréteau, théâtre.
(12) Couvre-tête, chaperon.
(13) Agréable, charmant.
(14) D'une façon très-gentille, très-jolie.

VIENNE.

(La Camyne, femme de Pierre Olivier)

Souverain Prince, né du liz (1) florissant,
Très-propicieux (2) Roy, daulphin de Viennois,
Prospérité de biens en acroyssant
Vous envoye le souverain des Roys,
Et vous octroye (3), au règne des Françoys (4),
Et en tous lieux, des ennemys victoyre,
Et, avec ce, pour conserver les droiz (5),
De Salomon la science et la gloire.

Et lui plaise vous faire aussi puissant
Que Charlemaigne, Rolant et le Dunoys (6),
Pour abatre le Léopart ravissant,
Lyons, Hermines, aussi menus que noys (7),
Et des despoulles (8) faire nouveaulx harnoys,
Comme Hercules, duquel verrez l'ystoire,
Et, avec c pour conserver les droiz,
De Salomon le triomphe et la gloire.

Recevez, sire, le peuple obéissant
Et moi Vienne, de qui nom, tiltre et voix
Prinstez (9), premier, en ce monde nayssant;
Humilité que je tiens par les doys (10)
Et Loyaulté, ainsi que faire doys,
De par le Dieu, en qui chescun (11) doit croyre,
Qui vous octroye, pour conserver les droiz,
De Salomon la science et la gloire.

Prince excellent, prenez les clefz et droictz (12)
De la cité d'ancienne mémoire,
Et que puissez avoir à ceste foiz (13),
De Salomon la science et la gloire.

« Ladicte Vienne tenoit en sa main dextre une pucelle (14)

---

(1) Lis.
(2) Propice.
(3) Accorde.
(4) Des Français.
(5) Droits.
(6) Que Charlemagne, Rolland et Dunois.
(7) Aussi petits que des noix.
(8) Dépouilles.
(9) Prîtes.
(10) Par les doigts, c'est-à-dire par la main.
(11) Chacun.
(12) Droits.
(13) Cette fois.
(14) *Puella*, jeune fille.

nommée Humilité, habillée d'une robe de taffetas jaune, habillée de teste (1) très-richement et garnye de couleurs d'or et chaynes, disant ces parolles audict Roy, en moult (2) doux et humble lengaige :

HUMILITÉ.

(Enymunde, fille de Jehan Trelhart.)

Je suis Humilité nommée,
Qui ay esleu (3) ma résidence
A Vienne, cité renommée
Pour sa vertu et excellence;
Qui est, par divine clémence,
De tant de martirs décorée,
Et, par l'ancienne ordonnance,
Sancta Civitas appelée;
Deçà les monts, premier fondée,
Ainsi qu'en escript on le treuve (4);
Gracus (5), Tybérius (6), Pompée,
Par ces vieulx, je feray l'espreuve (7).

« Et tenoit ladicte Vienne dessus nommée, à sa senestre (8), une fille habillée de taffetas rouge, tenant en sa main les clefs de la ville, les présentant au Roy, en disant les parolles qui s'ensuivent :

LOYAUTÉ.

(Anthoine, fille de Catherin de la Maladière.)

La fin est couronne de leuvre (9);
Loyaulté suis, sans fiction,
Vous présentant la clef qui euvre (10)
De Vienne l'abitation (11),
Pour faire visitation
De vostre (12) premier héritage;

---

(1) Tête.
(2) Beaucoup, bien.
(3) Elu, choisi.
(4) En écrit on le trouve.
(5) Gracchus.
(6) Tibère.
(7) Epreuve.
(8) Gauche.
(9) L'œuvre.
(10) Ouvre.
(11) L'habitation.
(12) Votre.

Et vela (1) la conclusion
Et la fin de nostre lengaige (2).

« En la seconde loge avoit une fontaine haulte sus l'eschauffault de plus de deux toyses; laquelle avoit trois gargoles (3) distillant vin tant blanc que cleret (4), et à ladicte fontaine y avoit quatre personnaiges (5) parlans; c'est assavoir : deux femmes et deux hommes; ladicte fontaine estoit appellée la fontaine de Bien et de Mal; au pyé (6) de ladicte fontaine avoit deux gargoilles distillans, dont ce que l'une distilloit estoit appelé amer, et à celle gargoule estoit une fille richement habillée d'une robe de drap d'argent et d'autres joyaulx (7) précieulx, laquelle parloit à Hercules, le requérant boyre à la fontaine du quartier d'elle, où estoit le bevuraige (8) amer, en disant :

VOLUPTÉ.
(La femme de Changrinat).

Volupté suis qui gouverne et régente
Tous les délitz (9) de mondaine plaisance,
Reçoy (10) ce bien quant je le te présente,
Laisse vertu et prens mon aliance.

« Et en l'autre cousté (11), où estoit la gargoule distillant le doulx, avoit une autre belle fille très richement vestue (12), requerant Hercules, qui estoit entremy (13) d'elle et de Volupté, de boire du doulx, en disant :

VERTU.
(La femme de Grassy.)

Tourne tes yeulx, mon beau filz Hercules,
A moy Vertu digne et excellente;

---

(1) Voilà.
(2) Langage.
(3) Gargouilles.
(4) Clairet.
(5) Personnages.
(6) Pied.
(7) Bijoux.
(8) Breuvage.
(9) Délits.
(10) Reçois.
(11) Côté.
(12) Vêtue.
(13) Au milieu.

Car Volupté a tendu ses filletz
Pour toy tirer à sa secte puante.

« Et entremy des deux desdictes estoit Hercules très bien armé et en point (1) se tournant devers Volupté et disant comme sensuit :

HERCULES.

A volupté j'ay tourné ma jeunesse ;
Mais en la fin j'ai bonne entention (2)
Que de Vertu j'auray telle largesse,
Qu'à tousjoumaiz (3) en sera mention.

« Puis avoit au dessus de la fontaine ung enfant appellé Entendement, bien en point et disant comme s'ensuit :

ENTENDEMENT.

A la fontaine d'arbitre libéral
Chescun y peut, à son vouloir, eslire (4)
L'amer bevurage ou le doulx cordial ;
Mais tel choysit, souvent, qui prent le pire.

« En la tierce (5) loge avoit un arbre de six toyses de hault, paint de couleur perse (6) et tout semé de fleurs de liz d'or enlevées (7) et de longueur environ demy pyé, et y avoit audit arbre dix branches ; en chescune une grant fleur de liz d'or espandye (8) et avoit une chescune bien deux piez et demy de haulteur, et y avoit dans lesdictes fleurs en une chescune un beau fils habillé en habit royal, portant ceptre (9) et couronne, et un chescun habillé très richement, arminé (10) de drap d'or, d'argent, de veloux (11) cramoysy et de damas, garni de chaynes et d'autres joyaulx, et ung chescun desdicts avoit ung escripteau du

---

(1) Debout.
(2) Intention.
(3) Tout jamais.
(4) Elire.
(5) Troisième.
(6) Jaune.
(7) Détachées, découpées.
(8) Epanouie.
(9) Sceptre.
(10) Couvert.
(11) Velours.

nom des Roys de France, tout ainsi que les Roys ont régné
depuis sainct Loys jusques à celluy qui règne de présent,
lequel estoit au plus hault du dit arbre et y avoit six bou-
tons non espandus (1) de la longueur des fleurs espandues
semées entre les branches du dit arbre, et au pyé dudict
arbre estoit le Roy St-Loys à quartier (2), tenant à une main
ledict arbre, et le ceptre en l'autre, très richement habillé
et de drap d'or, et à quartier de lui, tant à dextre qu'à
senestre, estoient les douze pers (3) de France bien armez
et en point, avec leurs escuz et targuetes (4) peintes très
richement de leurs armes, ung chescun tenant en sa main
ce qu'il doit tenir au sacre du Roy, et disoit ledict Roy sainct
Loys ce qui s'ensuit :

SAINCT LOYS.

Sainct Loys suis, qui jadiz pris nayssance
En la racine de ce lyz précieulx ;
Acompaigné des douze pers de France
Qui appartiennent au sacre glorieux ;
De ma lignée, par le vouloir des cieulx,
Sont descenduz, selon leur ordonnance,
Ces nobles roys fors (5) et victorieulx
Qui ont régné en royaume de France
Et ont esté (6) tous, selon leur puissance,
Conservateurs de royalle police ;
Saincte église ont garde de violence
Et au surplus entretenu justice.
Si prie Charles, mon hoir (7), qu'il acomplice
La noblesse de ses prédécesseurs,
Pour estre (8) exemple, en répugnant malice,
A tous ses hoirs et nobles successeurs.

---

(1) Non ouverts, non épanouis.
(2) Côté.
(3) Pairs.
(4) Petit bouclier ou panonceau appelé *targue* ou *large* et qu'on portait suspendu au cou.
A son col pend une large.
(Roman de GARIN).

Toute large à col penduc,
Peinte d'or, d'azur et de sable.
(Guillaume GUIART).
(5) Forts.
(6) Eté.
(7) Héritier, successeur.
(8) Etre.

« En la quarte (1) loge avoit trois personnaiges, dont l'un avoit nom Athlas, lequel estoit ung homme grant mervueilleusement, habillé en turquoys (2), lequel portoit sur ses espaules le monde, lequel disoit ce qui s'ensuit :

ATHLAS.

Je suis Athlas qui le monde soubstiens (3).
Dessus mon dos ceste (4) pesante charge,
Par mon povoir tout droit je le maintiens
Sans trouver nul qui m'aide ou descharge (5),
Fors (6) Hercules, mon escu et ma charge,
Auquel je prie qu'il m'aide à ceste affaire,
Car homme seul ne pourroit pas tout faire.

« A sa senestre, estoit Hercules, bien armé, mectant la main au monde, lequel estoit fort grant, pour aider à le soubstenir (7), affin que Athlas ne fust (8) si chargé, disant ce que s'ensuit :

HERCULES.

Je t'aideray de force et de pouvoir ;
A ce besoing, je te veulx secourir.
Pour toy aider, je feray mon devoir,
Car autrement j'aimerais mieulx mourir.

« Puis à la dextre d'Athlas estoit Othra, déesse de prudence, une très-belle fille habillée d'un mervueilleux et beau drap d'or ; laquelle parloit au Roy et aux princes accompaignant ledit Roy en la figure d'Athlas, les parolles suivantes :

OTHRA.
(Jehanne des troys Roys.)

Princes, princes, qui soustenez la marge (9)
De ce monde, du tout ou en partie,
Eslisez (10) bien pour porter telle charge
Avecques (11) vous bonne et ferme partie.

---

(1) Quatrième.
(2) Turc.
(3) Soutiens.
(4) Cette.
(5) Décharge.
(6) Hormis, excepté.
(7) Soutenir.
(8) Fût.
(9) Bord.
(10) Elisez.
(11) Avec.

« En la cinquiesme (1) loge avoit un jardin appelé le jardin d'Athlas, où il y avoit trois jeunes pucelles très richement habillées, lesquelles ledict Athlas tenoit audict jardin encloses (2), et dans le dit jardin avoit un pommier portant pommes d'or, et avoit mis le dit Athlas à la porte dudit jardin ung serpent mervueilleux, lequel gardoit que nul n'y entrast (3) pour cueillir lesdictes pommes, ne aussi que les pucelles n'ent pussent nullement sortir; mais Hercules, par sa force et vaillance, print (4) courage de combatre ledict serpent et livrer les filles en liberté et, aussi, pour avoir le fruit du pommier, tua ledict serpent et rompist la porte et parvint à ses desirs, et parlèrent lesdictes filles ce qui s'en suit en louant Hercules :

LA PREMIÈRE.

Loué soit Dieu de la venue
D'Hercules le duc de valeur.

LA SECONDE.

Il a nostre porte rompue,
Loué soit Dieu de sa venue!

LA TIERCE.

Voyre (5) et la force abatue
Du dragon plain de grant fureur.

LA PREMIÈRE.

Loué soit Dieu de la venue
D'Hercules le duc de valeur.

« Puis Hercules préfigurant le Roy, bien armé et en point, ayant sur son harnoys une mantelline de drap d'or, disoyt :

HERCULES.

Des pommes d'or jadis fus possesseur
Et du dragon forçay la félonnye,
Et ces pucelles plaines de grant douleur

---

(1) Cinquième.
(2) Renfermées.
(3) Entrât.
(4) Prit.
(5) Voire, même.

Je délivray sans nulle villenye.
Ainsi fera au dragon plain d'envye,
Qui en Bretaigne (1) veult faire résidence
Pour y cuyder (2) acquérir seigneurie;
Charles huictième et noble Roy de France
Les pucelles mectra (3) à délivrance
Pour en faire à son noble vouloir;
Des pommes d'or aura pris jouyssance;
Ainsi soit-il, chescun le doit vouloir!

www.ingramcontent.com/pod-product-compliance
Lightning Source LLC
Chambersburg PA
CBHW071448060426
42450CB00009BA/2340